Abschied von der besseren Republik

Not und Elend hinter dem Eisernen Vorhang aus der Sicht von Zeitzeugen

Wolfgang Link

Den Opfern des Stalinismus

Vorwort

Bis heute werden Diktaturen unter sowjetischer Hegemonie verherrlicht. So bezeichnete der frühere Alterspräsident des Deutschen Bundestages, Stefan Heym, die DDR als "die bessere Republik". Gesine Schwan, als Kandidatin für das Bundespräsidialamt im Gespräch, behauptete, die DDR sei kein Unrechtstaat. Angesichts der Opfer des Stalinismus ist dies eine Verhöhnung derer, die bei einem Fluchtversuch ums Leben kamen oder in DDR-Gefängnissen gefoltert oder gar hingerichtet wurden, Bisher ist- abgesehen von klösterlichen Gemeinschaften- jeder sozialistische Versuch, angefangen vom Nationalsozialismus bis zum sozialistischen Experiment in der Sowjetunion und ihren Satellitenstaaten politisch, wirtschaftlich und ideologisch gescheitert. Eine wesentliche Ursache für das Scheitern sozialistischer Modelle neben ökonomischen Gründen ist im

Wesen des Menschen angelegt: Dies hat Friedrich von Schiller treffend im folgenden Satz formuliert: Frei ist der Mensch, und wär' er in Ketten geboren.

Trotzdem versuchen bis heute linke Utopisten, den Sozialismus schönzureden. In subtiler Form wird der Versuch unternommen, sozialistische Elemente zu etablieren wie Grundgehalt für alle oder Schuldenübernahme anderer Staaten innerhalb der Eurozone, gepaart mit zentralistischen, demokratiefeindlichen Strukturen. Auch dies ist über kurz oder lang zum Scheitern verurteilt. Es ist eine traurige Tatsache: Wenn man aus der Geschichte nichts lernt, wird sich die Geschichte wiederholen.

Danksagung

Allen im Ostblock lebenden, namentlich nicht Genannten, die mich freundlich aufgenommen und offene, bereichernde Gespräche geführt haben, sei an dieser Stelle ganz herzlich gedankt. Danken möchte ich auch den Eheleuten Birgit und Heino Bruns für die sorgfältige Korrektur des Manuskriptes, ebenso ein Dankeschön an Herrn David Zimmermann der die technische Umsetzung meisterhaft ausgeführt hat.

Inhalt

Impressum

Dr. Wolfgang Link, Gengenbach 2017

Alle Rechte liegen beim Autor

Herstellung und Verlag:
BoD - Books on Demand, Norderstedt

ISBN 978-3-7448-0329-8

1. Berliner Blockade

26. Juni 2008. Ein Propellerflugzeug, das in den Vierzigerjahren des vorigen Jahrhunderts von der US Air Force eingesetzt war, landet in Berlin-Tempelhof. Sieben Veteranen werden von der Berliner Bevölkerung begeistert empfangen, an ihrer Spitze der bekannt gewordene „Candy Bomber" Gail Halverson in Kampfanzug und breitkrempigem Westernhut, ein großer, stattlicher Mann, dem man sein hohes Alter von achtundachtzig Jahre nicht ansieht. Unter dem Jubel der Menge verteilt er zur Erinnerung an die Zeit der Luftbrücke Schokolade, die er damals an Fallschirmchen an wartende Kinder abgeworfen hatte. Den Journalisten sagt er: „Ich fühle mich so gut heute Morgen. Es ist für michwie nach Hause zu kommen. "

Sechzig Jahre zuvor. Große Teile Berlins liegen in Trümmern. Die den Bombenhagel überlebt haben, fristen ein elendes Dasein. Hunger, Entbehrungen, Kälte sind ihr Los. So auch Frau K. mit ihren zwölf, acht und sechs Jahre alten Kindern.

Nachdem ihr Mann an der Ostfront gefallen und sie selbst ausgebombt ist, muss sie im Keller eines zum Teil noch bewohnbaren Hauses mittels

Hamstern sich und ihre Kinder durchbringen. Das Dröhnen von Militärflugzeugen seit dem 24. Mai 1948 erinnert sie an die Tag und Nacht andauernden Luftangriffe in den letzten Monaten des Krieges, als sie die meiste Zeit im Luftschutzkeller ausharren musste. Dort war auch ihre jüngste Tochter zur Welt gekommen.

Aus den spärlich erhältlichen Nachrichten erfuhr sie von der drohenden Kriegsgefahr infolge der Verschärfung des Gegensatzes zwischen den Westalliierten und der Sowjetunion. Ein neues Inferno fürchtete ganz Europa. In eindringlichen Bildern, unter anderem in seinem Holzschnitt „Es geht schon wieder los", stellte der Künstler Hermann Sprauer die Schreckensvision eines Dritten Weltkrieges mit Deutschland als Schlachtfeld dar. Schließlich erfuhr Frau K. über ihren aus den Trümmern geretteten Volksempfänger: „Die sowjetische Militärregierung sperrt ab sofort alle Zufahrtsverbindungen auf Straße, Schiene und Flüssen zwischen den drei von den Westmächten kontrollierten Sektoren Westberlins und Westdeutschland mit dem Ziel, Westberlin dem sowjetischen Einfluss zu unterwerfen". Das geschah auf Befehl Stalins. Nachdem dieser in Friedenszeiten Millionen Sowjetbürger umbringen oder in Straflager deportieren ließ, riskierte er in seiner Menschenverachtung auch den Tod von unzähligen Westberlinern durch Verhungern.

Was tun? Sollte Frau K. bei ihren Angehörigen im Ruhrgebiet Zuflucht nehmen? Von ihnen hatte sie erfahren, dass die englischen Besatzer menschlich mit den Besiegten umgingen. Aber daran war nicht zu denken, da inzwischen nicht nur für den Güter-, sondern auch für den Personenverkehr die Zufahrt in Richtung Westen blockiert war. Frau K. war wie alle Westberliner verzweifelt. Angst vor einem neuen Krieg, vor Verhungern oder Unterwerfung unter die sowjetische Militärdiktatur machte sich breit.

Als sie eines Morgens ihre Behausung verließ, um „Hamster"-Einkäufe zu tätigen, traute sie ihren Augen nicht: Auf Plakatwänden wurde die Bevölkerung aufgefordert, in Sammellagern die von der US Air Force eingeflogenen Hilfsgüter abzuholen neben Grundnahrungsmitteln hochwertige Trockenkost wie Ei- und Milchpulver, Corned Beef und Schokolade mit einem Nährwert von 1700 Kilokalorien pro Person und Tag. Zum Vergleich: In der französischen Besatzungszone gab es nur 900, kurz nach dem Krieg sogar unter 600 Kilokalorien pro Person und Tag. Frau K. konnte dies nach den zurückliegenden Hungerjahren nicht fassen. Voller Dankbarkeit und mit Tränen in den Augen nahm sie die für ihr Empfinden großzügigen Rationen in Empfang.

Tränen in den Augen hatten auch jene Berliner, die beim Ausladen der pausenlos Tag und Nacht landenden Militärmaschinen halfen. Einer hatte gegen Ende des Krieges an der Flak gedient, ein anderer war gerade aus amerikanischer Gefangenschaft entlassen worden. Es war für sie unbegreiflich, dass die ehemaligen Feinde ihnen jetzt Überleben und Freiheit sicherten.

Mit gemischten Gefühlen hatte der US-Pilot Gail Halvorsen seinen ersten Flug angetreten, hatte er doch von den Deutschen ein überwiegend negatives Bild. Einer seiner engsten Kameraden war bei einem Kampfeinsatz von der deutschen Luftwaffe abgeschossen worden. Berichte aus den NS-KZs und den Verbrechen der SS und des SD hinter der Front machten Ressentiments gegenüber dem am Boden liegenden Feind verständlich.

Zudem waren die Flüge lebensgefährlich: In der Sowjetischen Besatzungszone waren Flak und Abfangjäger in Stellung gebracht. Obwohl diese nicht eingesetzt wurden, starben innerhalb der fast ein Jahr dauernden Einsätze achtundsiebzig Menschen. Sichtbehinderung durch Nebel sowie Eisglätte in den Wintermonaten erhöhten die

Unfallgefahr zusätzlich. Darauf hatte Stalin gehofft. Aber auch dies meisterten die Alliierten durch ihre technische Überlegenheit, die sie auf ihren insgesamt 277 000 Flügen mit einer Gesamtbeförderung von 2,3 Millionen Tonnen bewiesen.

Gail Halvorsen gewann auch mit folgender Aktion die Herzen der deutschen Kinder: An den Einflugschneisen warf er an Fallschirmchen befestigte Schokoladepäckchen ab. Zum Zeichen der Öffnung der Luken ließ er die Flügel seiner Maschine wackeln. Die Freude der Kinder, die noch nie Schokolade gegessen hatten, war unbeschreiblich.

Nur die Kinder von Frau K. gingen leer aus. Untröstlich kehrten sie nach Hause zurück. Angeregt von ihrer Mutter, schrieb die älteste Tochter einen Brief folgenden Inhalts: „Lieber Onkel Wackelflügel, bitte schicke mir auch ein Päckchen Schokolade! Ich bin immer leer ausgegangen." Wie staunten die Kinder, als wenig später der Postbote ein ganzes Paket samt einem Brief von „Onkel Wackelflügel" ablieferte! Sie freuten sich wie bei einer Weihnachtsbescherung.

Sechzig Jahre später. Der Verteidigungsminister Franz-Josef Jung bringt es auf den Punkt: „Die Luftbrücke hat aus Feinden Freunde gemacht, aus Besatzern Helfer.“

2. Eindrücke vom antifaschistischen Schutzwall

Im Herbst 1964 organisierte die Biologische Fachschaft der Universität Freiburg eine Studienfahrt zum Bundesumweltamt in Berlin. An der Zonengrenze erlebten wir die Folgen der deutschen Teilung hautnah. Zwar verhielten sich die DDR-Grenzer korrekt. Jedoch die Frage eines DDR-Kontrolleurs in breitem Sächsisch: "Glaubt ihr an den lieben Gott? Habt ihr ihn schon mal auf der Straße spazieren gesehen?" offenbarte die ganze Primitivität des "wissenschaftlichen" Atheismus. Ein Kommilitone, selbst Atheist, bekannte: "Durch solche Äußerungen wäre ich beinahe zum Glauben gekommen."
Auffallend waren die Aktivitäten von Arbeitern. Diese rodeten Wälder und beseitigten Hindernisse mit dem Ziel, freies Schussfeld für Republikflüchtige zu schaffen. Wachttürme mit Scharfschützen zeigten, wie gefährlich der Versuch eines illegalen Grenzübertrittes war.
An der Grenze zwischen dem Ost- und

Westsektor Berlins konnten wir sehen, welche Tragödien sich hier abgespielt hatten. An der Bernauer Straße standen Häuser auf dem Ostsektor, der Gehweg gehörte bereits zu Westberlin. Nach dem Mauerbau wagten DDR-Bürger in ihrer Verzweiflung den Sprung in die Freiheit. Manche Flüchtende verfehlten die von der Westberliner Feuerwehr aufgestellten Sprungtücher und stürzten sich zu Tode. Kreuze erinnerten an die vielen missglückten Fluchtversuche, ein trostloser Anblick. Inzwischen wurden auch diese Fluchtmöglichkeiten durch Zumauern der Fenster und Türen unmöglich gemacht. Uns wurde klar: Der antifaschistische Schutzwall zum angeblichen Schutz der DDR-Bevölkerung ist eine einzige Bankrotterklärung eines menschenverachtenden Regimes.

3. Illegaler Grenzübertritt

Ostern 1966. Zum damaligen Zeitpunkt war eine Reise in die DDR nur bei Verwandtenbesuchen möglich. Eine Familie aus Bad Dürrenberg bei Leipzig, der ich auf Vermittlung unseres Religionslehrers seit Mitte der fünfziger Jahre zusammen mit meinen Mitschülern regelmäßig

Lebensmittelpakete schickte, wollte mich zum Dank einladen und mich persönlich kennen lernen.

Lebensmittel in der Zone knapp

Mit diesen Hinweisschildern an Lebensmittelgeschäften wurden die Westdeutschen auf die katastrophale Versorgungslage in der sowjetischen Besatzungszone aufgerufen, Care- Pakete nach drüben zu schicken.

In Zeiten des beginnenden Wirtschaftswunders in Westdeutschland waren selbst Ende der fünfziger Jahre Lebensmittel in der Zone immer noch knapp. Damals kursierte drüben der makabre, aber zutreffende Witz: Warum ist die DDR eine Alpenrepublik? - Es gibt laufend Engpässe. Oder : Was ist DDR-Sex? Nackte Regale.

Zurück zur Einladung ins Arbeiter- und Bauernparadies: Da für mich mangels Verwandtschaft eine Einreise in die bessere Republik (Originalton Stefan Heym, DDR-Schriftsteller) nicht möglich war, gaben meine Paketbekannten gegenüber den DDR-Behörden kurzerhand an, ich sei ihr Cousin. So reiste ich mit den entsprechenden Papieren in ein für 'Otto

Normalverbraucher' unzugängliches Land ein. Die Fahrt von Bebra über den Grenzbahnhof Gerstungen- Leipzig nach Bad Dürrenberg, dem Ziel meiner Reise, war anders als bei gewöhnlichen Fahrten: Im Interzonenzug herrschte bereits auf westdeutscher Seite eisernes Schweigen. Alle hatten Angst vor Spitzeln. Man hätte es riskieren können, infolge eines unvorsichtigen Wortes denunziert zu werden. Treffend drückte dies der folgende Witz aus: Sitzen zwei Reisende in einem Eisenbahnabteil. Fragt der eine sein Gegenüber: "Was halten Sie vom Regime?" Der Gefragte antwortet schlagfertig: "Dasselbe wie Sie". Darauf der Fragesteller: "Dann muss ich Sie verhaften!" Treffender konnte die Atmosphäre im Interzonenzug nicht gekennzeichnet werden. An der Zonengrenze fielen die Wachttürme auf. Auf diesen waren Scharfschützen postiert. Sie hatten den strengen Befehl, auf Republikflüchtige zu schießen. Überlebte ein Mensch den misslungenen Fluchtversuch, so waren ihm fünf Jahre Zuchthaus gewiss. Warum wurde dem Staatsratsvorsitzenden Honecker als letztem Republikflüchtling gemäß DDR- (Un-) Recht nicht die gleiche Strafe zuteil? An der innerdeutschen Grenze hatten die Kontrolleure eine volle Stunde Zeit, um den Zug nach verbotenen Materialien, u.a. westdeutschen Zeitungen zu durchsuchen. Noch strenger waren die Kontrollen auf der Rückreise. Insbesondere wurde Jagd auf Republikflüchtige gemacht. Auf Brücken über den Gleisen wurde nach Personen gesucht, die auf Dächer geklettert waren. Gnade Gott, wenn da einer erwischt wurde. Der Kontrolleur, der mein Abteil durchsuchte, verhielt sich korrekt, war aber ziemlich sauer, als niemand das SED-Organ "Neues Deutschland" kaufen wollte. Auf Grund seiner Desinformation und Hetze gegen alles Westliche hätte es treffender "Armes Neues Deutschland" heißen müssen.

Als alle Formalitäten an der innerdeutschen Grenze erledigt waren, setzte sich der Zug, gezogen von einer Dampflok, mit einer Geschwindigkeit von höchstens 60 Kilometer/Stunde endlich wieder in Bewegung. Alle Reisenden waren sichtlich erleichtert, dass Schikane ausblieben.

Meine ersten Eindrücke von Bad Dürrenberg: Aschgraue Häuser, die nach dem Zweiten Weltkrieg nicht mehr renoviert wurden, verwahrloste Gärten, viele unasphaltierte Straßen mit großen Schlaglöchern, nur wenige Laternen, deren Licht nachts für einen Fremden kaum Orientierung boten. Treffend kennzeichnete dies Marion Gräfin von Dönhoff, ehemalige Herausgeberin der Wochenzeitung "Die Zeit" "Es ist, wie wenn man ein altes, vergilbtes Fotoalbum kurz nach dem Krieg durchblättert".

In besonders marodem baulichen Zustand waren Städte, die im Zweiten Weltkrieg nicht zerstört wurden wie zum Beispiel Görlitz. Nach der Wende waren Eingänge vieler Häuser in der Altstadt verbarrikadiert mit dem Hinweis: Wegen Einsturzgefahr Betreten verboten. Putz bröckelte von den Wänden.

Kontrastreich hoben sich Propagandasprüche in gelber Schrift auf rotem Untergrund vom dem grauen Einerlei ab. Darauf stand unter anderem zu lesen: "Von der Sowjetunion lernen heißt siegen lernen" oder "Freundschaft mit der Sowjetunion- Herzschlag unseres Lebens". Die Propagandisten waren sich offenbar der Doppeldeutigkeit dieses Spruches nicht bewusst. All das kam mir so fremd vor, als ob ich im Ausland wäre. Erst die Herzlichkeit, mit der mich meine Gastgeber empfingen, gab mir das Gefühl, unter Landsleuten zu sein. Auch wenn wir uns bisher nur aus Briefen kannten, (da durfte kein verräterisches Wort enthalten sein), entwickelte sich sehr schnell ein Gespräch von Mensch zu Mensch. Da meine Gastgeber volles

Vertrauen zu mir hatten, machten sie von Anfang an keinen Hehl aus ihrer ablehnenden Haltung gegenüber dem Regime. Da sie sich als Christen bekannten, wurde ihr Sohn in der Schule schikaniert. Obwohl er begabt und lernwillig war, musste er wegen seiner Systemverweigerung ohne Abschluss die Schule verlassen.

Zu allem Unglück starb einige Jahre später seine Mutter. Sein Vater heiratete wenig später eine linientreue Kommunistin. Es kam zu einer Entfremdung zwischen Vater auf der einen Seite und seinem Sohn und dessen Großmutter. Die Spaltung, verursacht durch das Regime, ging mitten durch die Familie. Lehrer, die nicht linientreu waren, bekamen es zu spüren. Die Aussage eines Biologielehrers, die These von der Entstehung des Lebens durch Zufall sei nicht wissenschaftlich, sondern ideologisch begründet, kostete ihm sein Amt und noch anderthalb Jahre Gefängnis. Was blieb ihm nach der Entlassung anderes übrig als die lebensgefährliche Flucht nach Westdeutschland zu wagen?

Besonders schlimm erging es einer Französischlehrerin in Ostberlin. (Diese Bezeichnung wurde von einem DDR-Grenzer beargwöhnt. Politisch korrekt hieß es: "Demokratisches Berlin".) Zu Beginn der fünfziger Jahre empfahl sie ihren Schülern einen Film, der in Westberlin lief. Dieser Rat allein brachte sie für mehrere Jahre hinter Gitter. Nach ihrer Entlassung war sie körperlich und geistig-seelisch gebrochen. Ihre Hände zitterten. Sie war nicht mehr in der Lage, ihren Beruf weiter auszuüben.

Eine ihrer Schülerinnen wurde wegen "politischer Unzuverlässigkeit" nicht zum Studium zugelassen und musste sich mit einer untergeordneten Tätigkeit begnügen. Als sie nach Westberlin zum Studium übersiedelte, bekamen ihre Eltern, die ebenfalls "politisch unzuverlässig" waren, es zu spüren: Ein Betriebsratsvorsitzender, selbst SED- Genosse, warnte Herrn F. vier Wochen vor dem Mauerbau: Fliehen Sie noch heute Nacht! Morgen werden Sie verhaftet. Kurz vor Schließung der Grenze gelang dem Ehepaar auf abenteuerliche Weise die Flucht nach Westberlin über den Bahnhof Friedrichstraße. Dem SED-Betriebsratsvorsitzenden hätte dieser mutige Einsatz für seinen gefährdeten Kollegen Kopf und Kragen kosten können.

Die ideologische Indoktrination über Zeitung, Rundfunk und Fernsehen blieb den DDR-Bürgern selbst am Sonntag nicht erspart. Den Menschen hing das ständige Anpreisen sozialistischer Errungenschaften zum Hals heraus. Meinen Gastgebern kostete es Überwindung, für mich das verhasste DDR-Fernsehen einzuschalten. Trotz strengen Verbotes hörten selbst SED-Genossen die kapitalistischen Sender. Um 20 Uhr gab es kaum eine Wohnung, aus der nicht die westdeutsche Tagesschau zu hören war. Grotesk war folgende wahre Begebenheit: An einem Elternabend machte ein Vater den Vorschlag, im DDR-Fernsehen einen Englischkurs anzubieten. "Haben wir doch schon gehabt" entgegnete ein SED-Aktivist. Erst als Raunen durch den Saal ging, ging ihm ein Licht auf: Er hatte sich selbst verraten, da ein derartiger Kurs im Westfernsehen ausgestrahlt worden war.

Auf die Frage, ob wenigstens klassische Musik aus Westsendern gehört werden dürfe kam die Antwort: "Beethoven aus einem Nato-Sender ist wie Sekt aus einem Nachttopf."

In den sechziger Jahren war die Versorgungslage in der DDR besser, wenn auch einseitig. Obst und Gemüse gab es selbst auf dem Lande nicht zu kaufen. Wohl dem, der einen eigenen Garten hatte. Er war gleichzeitig ein Refugium , in dem die Besitzer ein kleines Stück Freiheit genossen. Bananen gab es nur an Weihnachten. Es kursierte darüber der Witz: "Warum stammen

DDR-Bürger nicht vom Affen ab?" Affen hätten es sich nicht gefallen lassen, nur einmal im Jahr die leckeren Früchte zu erhalten".

Mitte der siebziger Jahre verschlechterte sich die Versorgungslage zusehends. Selbst nach Grundnahrungsmitteln wie Brot und Kartoffeln standen die Menschen Schlange. Der Ende 1989 eingetretene Staatsbankrott der DDR war systematisch vorbereitet. Die sozialistische Planwirtschaft trieb auf Grund von Fehlplanungen planmäßig das Land in den Ruin. Zwei Beispiele: Kohle war teurer als Getreide. Dies veranlasste den Verbraucher, mit Getreide zu heizen. Ebenso absurd war das Preisgefälle Getreide- Brot. Das billigere Brot wurde statt Getreide zur Schweinemast eingesetzt.

Trotz Engpässen in der Lebensmittelversorgung setzte eine Fresswelle ein. Meine Bekannten begründeten es damit: Ihr könnt reisen, wohin ihr wollt, wir geben unser Geld für Essen aus. Die Reisemöglichkeiten ins Ausland waren begrenzt: Wer es sich leisten konnte, fuhr allenfalls nach Polen, Ungarn oder in die Tschechoslowakei. Eine Reise in die Sowjetunion oder gar ins westliche Ausland war nur Parteibonzen vorbehalten. Meist wurden öffentliche Verkehrsmittel benützt. Um ein Auto Marke Trabant zu erwerben, mussten die

Kaufinteressenten zum Teil über 10 Jahre warten. Nach der Wende gab es das Rätsel: Was verdoppelt den Wert eines Trabi'? Antwort: Ein Volltank. Der Schadstoffausstoß betrug das Hundertfache gegenüber einem Dreiwegekatalysatorauto. Dies trug neben der Feuerung mit Braunkohle wesentlich zur Luftverschmutzung bei. Nahezu ungefilterte Abgase aus chemischen Fabriken taten ihr Übriges: Im Raum Bitterfeld war nach einem Regen soviel Säure in den Pfützen, dass Schuhsohlen Löcher bekamen. Dasselbe konnte einem beim Sitzen auf einer Bank im Freien passieren: Auch die Hosen waren nach Kontakt mit saurem Regen durchlöchert.

Schlimmer war die geistige Umweltverschmutzung seitens der Partei, die immer recht hatte. Auf Erntefuhrwerken waren Spruchbänder mit Parolen angebracht wie

"Ohne Gott und Sonnenschein fahren wir die Ernte ein".

Dies veranlassten Pastor Brüsewitz zu einer Ein-Mann-Demo mit einem mutigen Spruch: "Ohne Sonnenschein und den lieben Gott wär' die ganze Welt bankrott." Dadurch zog er sich erst recht den Zorn der Mächtigen auf sich. Diese drangsalierten ihn so sehr, dass er sich in aller Öffentlichkeit mit Benzin übergoss und anzündete. Wenige Tage später starb er an den Folgen.

Der kämpferische Atheismus, der bereits von den Nazis betrieben worden war, wurde von den marxistisch-leninistischen Heilsbringern konsequent fortgesetzt. Wie sehr ähnelten sich in manchem die beiden Systeme!

Die atheistische Erziehung im Sinne des Marxismus- Leninismus begann bereits im Kindergarten. An einem sozialistischen Feiertag erhielten Kinder ein Stück Kuchen auf einer roten Fahne. Gemäß dem Pawlowschen bedingten Reflex verband sie das Angenehme - das Stück Kuchen- mit dem Kommunismus. Wer an der Jugendweihe, einem pseudosakralen Ersatz an Stelle der Konfirmation nicht teilnahm, durfte keine weiterführende Schule besuchen. Damit waren diese jungen Menschen von allen Studiengängen ausgeschlossen und zeitlebens stigmatisiert. Ein äußerst begabter Jugendlicher, der seine Systemkritik unverhohlen zum Ausdruck brachte, war von seinem Ziel ausgeschlossen, Ingenieurwissenschaften zu studieren und musste sich mit einer untergeordneten Tätigkeit begnügen.

Mancherorts nutzten mutige Bürger die kleinen Freiheiten, sich insbesondere im sozialen Bereich für christliche Werte einzusetzen. Eine

Kriegerwitwe, die nach der Vertreibung aus dem Sudetenland in Thüringen wohnte (das Wort Vertreibung war gemäß der DDR-Geschichtsverdrehung nicht geduldet; politisch korrekt hieß dies Umsiedelung) sammelte für caritative Zwecke bis zu 2000 Ostmark, das Fünffache des Durchschnittsgehaltes eines Arbeiters. Ein SED-Genosse sagte ihr hinter vorgehaltener Hand: "Bei Ihnen ist das Geld besser aufgehoben als bei Sozialaktionen der Partei." Ein alter Parteigenosse sagte mir im Vertrauen: "So haben wir uns den Sozialismus nicht vorgestellt."

Eine mutige Haltung gegenüber dem atheistischen SED-Staat bewies ein junger Kaplan. Der Bürgermeister lud ihn ein mit dem Ziel, seinen Glauben ins Wanken zu bringen, wobei er dies mit Alkohol beschleunigen wollte. Der Gottesmann durchschaute die üblen Absichten und drehte kurzerhand den Stiel um, in dem er ihm Fangfragen vorlegte. Unter andrem stellte er sich zum Schein hinter die kommunistische Lehre mit den Worten: "Die marxistisch- leninistische Doktrin ist doch eine Wissenschaft"

Sehr wohl, Genosse Kaplan! Sie sind auf dem richtigen Weg". Schlagfertig erwiderte dieser: "Wieso kommt es, dass sich zwei Machtblöcke wie die Sowjetunion und China mit derselben Weltanschauung so spinnefeind sind?" Mit solchen Taktiken brachte er den überzeugten Kommunisten in Verlegenheit und trank ihn schließlich unter den Tisch. Kommentar des Siegers: "Die freiesten Menschen in der DDR sind die Pfarrer".

Die brutale Niederschlagung durch die Truppen des Warschauer Paktes, die ich als Zeitzeuge erlebte, gab mir den Anstoß, mich aktiv im Rahmen der 1972 von einem Exilrussen (über ihn wurden sieben Ordner mit Stasiakten angelegt) mitgegründeten Gesellschaft für Menschenrechte, in den Augen der DDR-Propagandisten eine Feindorganisation, für die Freiheit von politischen Gefangenen einzusetzen. 1976 hatte ich im Rahmen einer Reise zu Bekannten in die DDR den Auftrag, Kontakt zu einem Politischen aufzunehmen. Ich sollte ihm bei der Ausreise behilflich sein. Obwohl er mich nie zuvor gesehen hatte, schimpfte er gleich nach meiner Ankunft über das System und das auch noch bei geöffnetem Fenster. Auf meinen Einwand, diese unvorsichtigen Äußerungen könnten Grund zur Verhaftung sein, wies er zurück mit den Worten: "Das ist mir vollkommen egal. Der Weg in die Freiheit führt durch das Gefängnis." Und dies traf auch in seinem Falle zu. Kurze Zeit später erfuhr ich über die Geschäftsführung der Gesellschaft für Menschenrechte, er säße im berüchtigten Zuchthaus Bautzen ein. Seine im Westen lebende Mutter war ganz verzweifelt. Außer ihrem einzigen Sohn hatte sie keinen Verwandten, der sich um sie kümmerte. Sie sähe keinen anderen Ausweg als sich das Leben zu nehmen. Das war für mich der Grund, alle Hebel für seine Freilassung in Bewegung zu setzen. Neben Unterschriftenlisten, Petitionen an einflussreiche Politiker im In- und Ausland, insbesondere an die KSZE- Außenminister mit Durchschlag an den DDR-Innenminister Dickel, erwiesen sich als besonders wirkungsvolles Druckmittel Sitzstreiks vor der Ständigen Vertretung der DDR in Bonn. Wie in den Briefen betonte ich mittels großformatiger Spruchbänder, dass die DDR-Behörden bei meinem Mandanten sich grober Verstöße gegen die DDR-Verfassung und internationaler Verträge schuldig gemacht hatten. So enthielt die DDR-Verfassung einen Paragraphen, in dem das Recht auf Freizügigkeit garantiert war. Ferner war die DDR Mitglied der Uno. Damit war die UN-Menschenrechtsdeklaration vom 10. Dezember 1948 für sie verbindlich. Außerdem hatte die DDR-Regierung die KSZE-

Menschenrechtserklärung ratifiziert. Es lag auf der Hand: Bei politischen Gefangenen wie in den von mir betreuten Fällen wurden diese Verpflichtungen auf das Gröbste verletzt. Damit traf ich den Nerv des Regims. Die DDR wollte als souveräner Rechtsstaat international anerkannt werden. Deshalb war die Reaktion des Personals in der Ständigen Vertretung auf die provokative Entrollung meiner Spruchbänder nicht verwunderlich: Sofort wurde ich mit riesigen Telekanonen abgelichtet. Es war mir klar, dass ab sofort eine Einreise in ein Ostblockland im Knast enden würde. Wie ich nach der Wende über das Bundesamt für Stasi-Unterlagen erfuhr, war über mich eine dicke Stasi-Akte angelegt mit einem Steckbrief auf Russisch, in dem ich als Terrorist gesucht wurde. Dabei hatte ich die DDR-Behörden nie beschimpft oder verleumdet.

Aber diese und weitere Aktionen hatten Erfolg: Nach vorzeitiger Haftentlassung konnte die glückliche Mutter ihren Sohn im freien Westen in die Arme schließen.

4.Ein deutsches Schicksal

Es dauerte über zwanzig Jahre, ehe K.-D. R. vor dem Zuchthaus Bautzen, einer der berüchtigten Haftanstalten der DDR, über seine traumatischen Erfahrungen und die zahlreichen Schikanen bis hin zu Folter reden konnte. Sein „Verbrechen": Bekenntnis zum demokratischen Rechtsstaat, freie Meinungsäußerung und Inanspruchnahme des Rechtes, der DDR den Rücken zu kehren. Schon als Schüler machte er aus seiner Gesinnung keinen Hehl. Trotz hoher Begabung durfte er wegen „politischer Unzuverlässigkeit" eine Laufbahn als Diplomingenieur nicht einschlagen und musste sich mit einer seinen Begabungen nicht entsprechenden untergeordneten Tätigkeit begnügen.

Nach der weltweiten Anerkennung der DDR durch viele Regierungen Anfang der siebziger Jahre wuchs der Druck im Innern. Dies geschah in Zeiten der Bonner Entspannungspolitik und des „Wandels durch Annäherung". Das Leben für politisch Andersdenkende wurde unerträglich. So entschloss sich K.-D. R., für sich und seine Familie einen Ausreiseantrag zu stellen. Als er sich auf den in der DDR-Verfassung enthaltenen Artikel zu Freizügigkeit und Reisefreiheit berief, erhielt er die zynische Antwort: „Der Zug ist abgefahren!" und „Das haben Sie von Herrn Löwenthal [Moderator des „ZDF-Magazins"] gehört" sowie „Als dieses Gesetz beschlossen wurde, gab es Menschen wie Sie noch nicht!"

Seitdem befand sich K.-D. R. im Visier der Staatssicherheit. Dies wurde noch dadurch verstärkt, dass er Kontakte mit der Gesellschaft für Menschenrechte - in den Augen der DDR-Behörden eine „Feindorganisation" aufnahm und diese bat, sich für seinen Ausreiseantrag einzusetzen. Wie aus der Stasi-Akte hervorgeht, wurden die meisten Briefe geöffnet. Unmissverständlich wurde ihm mitgeteilt, dass er jederzeit mit unangenehmen Folgen rechnen müsse. Trotzdem ging er unbeirrt seinen Weg. Von einem Freund wusste er: Der Weg in die Freiheit führte durch den Knast. Aber die Angst, verhaftet und von seiner Familie getrennt zu werden, verfolgte ihn bis in den Schlaf. Jede Nacht können sie kommen und dich abholen", ging es ihm durch den Sinn. Da half auch ein Aquarium nicht viel, vor das er sich abends zur Beruhigung setzte.

Eines Tages schnappte wie befürchtet die Falle zu. Nicht nachts, sondern am helllichten Tag auf dem Rathausplatz in Görlitz wurde er von Stasi-

Mitarbeitern verhaftet. Begründung: „staatsfeindliche Hetze gegen die DDR, Kontakt mit Mitarbeitern der Feindorganisation Gesellschaft für Menschenrechte, landesverräterische Nachrichtenübermittlung". Nach tagelangen, zermürbenden Verhören wurde er ins berüchtigte Zuchthaus Bautzen gebracht. Die Haftbedingungen waren wie in allen DDR-Gefängnissen unmenschlich: enge, feuchte, kalte und lichtlose Zellen, unzureichende Ernährung, mangelnde ärztliche Versorgung, zwölf Stunden Zwangsarbeit, Schläge bis hin zur Folter. Was er als besonders grausam empfand: Als „Politischer" wurde er mit Schwerverbrechern zusammengesperrt, die quasi als Hilfsaufseher an ihm ihre Aggressionen in der Absicht ausließen, sich durch Loyalität gegenüber der Gefängnisleitung Vorteile zu verschaffen. Jeden Tag Freiheitsentzug empfand er als einen Tag, den man ihm von seinem Leben raubte. Und das Schlimmste: Er hatte Angst, dass seiner Frau das Gleiche widerfahren würde. Und so geschah es: Wenige Wochen nach seiner Festnahme wurde auch sie verhaftet und in das berüchtigte Frauenzuchthaus Berlin-Hohenschönhausen gebracht.

Und was geschah mit den beiden Kindern? Würden sie dasselbe Schicksal erleiden wie die

Kinder von Eltern, die aus politischen Gründen eingesperrt wurden, nämlich Zwangsadoption? Diese Kinder wurden von Funktionären „umerzogen", ihrer Identität beraubt und den eigenen Eltern entfremdet. Seelische Störungen und unendliches Leid bei den auf diese Weise zerstörten Familien waren die Folge. Glücklicherweise wurde dieser teuflische Plan dadurch verhindert, dass die Großeltern sich um das Fürsorgerecht für die beiden Kinder von neun und zehn Jahren kümmerten.

Als der Vorgang der Inhaftierung des Ehepaares in der Bundesrepublik bekannt wurde, setzte ich als Aktiver der Gesellschaft für Menschenrechte alle Hebel in Bewegung: von einem viertägigen Sitzstreik vor der Ständigen Vertretung der DDR in Bonn mit großen Spruchbändern über Petitionen an die Außenminister aller KSZE-Staaten [KSZE: Konferenz für Sicherheit und Zusammenarbeit in Europa] bis hin zu einem Schreiben an den Präsidenten der USA. In meinen Schreiben mit Durchschrift an den DDR-Innenminister Dickel wies ich am Fallbeispiel meines Mandanten auf die Verletzung der von der DDR unterzeichneten internationalen vertraglichen Verpflichtungen („Korb drei" der Helsinki-Akte, UN-Charta der Menschenrechtsdeklaration) sowie auf die

Nichteinhaltung der in der DDR-Verfassung garantierten Freizügigkeit hin.

Die Reaktion der DDR-Behörden blieb nicht aus. Wie ich nach der Wende aus meiner Stasi-Akte entnahm, wurde in der Ostberliner Stasi-Zentrale und in den Stasi-Außenstellen Dresden, Potsdam, Schwerin und Gera auf insgesamt sechsundsiebzig Seiten alles festgehalten. Natürlich war für mich als „kriminelle Einzelperson" und Angehörigen einer „Feindorganisation" die Welt am Eisernen Vorhang zu Ende. Eine Einreise in ein Ostblockland hätte mit Sicherheit meine Verhaftung zur Folge gehabt, wurde ich doch in einem auf Russisch verfassten Steckbrief gesucht, Zeichen dafür, wie unsicher das Regime sich fühlte.

Der Erfolg stellte sich nach zähem Ringen ein. Eines Morgens kam der Anstaltsleiter persönlich in die Zelle von K.-D. R., brachte ihm gute Kleidung und forderte ihn auf, ihm in die Kantine zu folgen. Bei einem reichlichen Frühstück eröffnete er ihm: „Sie sind aus der Staatsbürgerschaft der DDR entlassen." Im Gefängnishof wartete schon ein Bus mit einem westdeutschen Fahrer (ein DDR-Kollege hätte ihn ja zur eigenen Flucht benützen können). Wenig später wurde auch die Frau von K.-D. R.

mit den beiden Kindern in die Freiheit entlassen. O namenlose Freude! Diese wurde jedoch getrübt durch ein vollständiges Besuchsverbot selbst für die nächsten Verwandten späte Rache des Regimes. Nicht einmal anlässlich der Beerdigung seiner Mutter erhielt er eine Einreisegenehmigung.

Sehr enttäuscht war er später auch darüber, dass er und seine Familie nicht einmal eine Haftentschädigung gemäß den Sätzen für Opfer von Justizirrtum erhielten.

Als die Mauer fiel, war sein größter Wunsch, wieder in die alte Heimat zu übersiedeln. Trotz Umschulung blieb er dort arbeitslos. Unerträglich war für ihn die Verharmlosung der Zustände in der ehemaligen DDR: Der Ungeist des DDR-Regimes lebt in den Köpfen vieler weiter, die Täter wurden mit hohen Pensionen belohnt und Strafen für Verbrechen gegen die Menschlichkeit häufig zur Bewährung ausgesetzt. Ist es da nicht verständlich, wenn er und viele andere ehemals politisch Verfolgte an unserem Rechtsstaat irre werden?

Mahnwache vor derStändige Vertretung DDR in Bonn

Quelle: Das Nadelöhr . Der Weg in die Freiheit; Klaus Dieter
Rönsch; Winterwoek Grimma; 2008

5. Eindrücke von einer Reise in die Sowjetunion

Anfang August 1968. In der gesamten Tschechoslowakei feierten die Menschen den Prager Frühling, die Befreiung von der kommunistischen Diktatur unter dem stalinistischen Staatspräsidenten Novotny und bekannten sich in aller Öffentlichkeit zu Rechts Staatlichkeit, Demokratie, Meinungsfreiheit und zur Öffnung nach dem Westen. Sie redeten mit uns Touristen offen und waren sich ihrer Sache sicher, dass Freiheit und Demokratie endgültig gesiegt hätten.

Der Prager Reiseleiter bemerkte dazu: „Jetzt muss nur noch Polen die Kommunisten zum Teufel jagen, dann ist das SED-Regime in Ostberlin von allen Seiten von freien Staaten umgeben und wird auch noch hinweggefegt. In Polen ist es noch dunkel. Die Zensur wird bei uns nicht wieder eingeführt. Ulbricht ist ein alter Troddel. So ein alter Kerl sollte in den Ruhestand gehen. Er soll nach Prag kommen. Prag ist berühmt für den Fenstersturz. Die russische Armee hat uns 1945 befreit. Wovon, weiß man eigentlich nicht...“

Auch das Erzählen von politischen Witzen war

bezeichnend für die Freizügigkeit in dieser Zeit. Dafür hätte es nach Angaben des Reiseleiters vom staatlichen Reisebüro Cedok noch vor kurzem fünf Jahre Zuchthaus gegeben.

Hier eine Kostprobe: Beim Betreten der Karlsbrücke hört der Kulturminister plötzlich die Statue des Heiligen Wenzel sprechen: „Ich will ein neues Pferd!" Als der Minister dies dem Staatspräsidenten Novotny vorträgt, erklärt der ihn für verrückt. Als der Minister ein zweites Mal an der Statue vorbeigeht, hört er dasselbe. Daraufhin besteht er darauf, dass Novotny sich selbst davon überzeugt. Widerwillig folgt dieser. Als die beiden zur Statue gelangen, schweigt diese. „Siehst du", erklärt Novotny verärgert, „ich wusste doch, dass dies alles Unsinn ist!" Nach einer Verlegenheitspause beginnt die Statue zu sprechen: „Ich habe doch gesagt, ich brauche ein neues Pferd, und jetzt hast du mir so einen Ochsen mitgebracht!"

Solches und Ähnliches erzählten die Menschen freimütig. Die Spruchbänder mit den verhassten sozialistischen Parolen waren durch Nationalfahnen und Sprüche wie „Freiheit und Demokratie!" ersetzt.

Ganz anders war die Atmosphäre in Weiß- und Großrussland. In diesen Tagen lief die sowjetische Propaganda auf Hochtouren. Auf riesigen Spruchbändern mit rotem Untergrund an Gebäuden und in Geschäften mit dürftigem Warenangebot wurde den Sowjetmenschen die Überlegenheit des Sozialismus eingehämmert. Die gottlose Religion des Kommunismus fand besonders deutlich ihre Ausprägung im Leninkult: Selbst in den kleinsten Ortschaften stand an zentraler Stelle eine übergroße Leninstatue. In Parkanlagen waren Blumen so gepflanzt, dass ein Leninporträt erkennbar war. In einem Museum für Volkskunst hing ein großer Wandteppich mit einem Leninbild. Auch die Kunst musste der Verbreitung des Sozialismus dienen. In der Moskauer Tretjakow-Galerie war Lenin in allen Lebenslagen dargestellt: Lenin liest, Lenin schreibt, Lenin denkt nach ... Auf einem Weltraumdenkmal in der Allunionsausstellung in Moskau wies Lenin der Menschheit den Weg ins All.

Besonders makaber war der Personenkult im Leninmausoleum auf dem Roten Platz an der Kremlmauer in Moskau. Schon am frühen Morgen standen die Menschen, aus der gesamten Sowjetunion angereist, in kilometerlangen Schlangen, um ihrem verblichenen großen Führer zu huldigen. Wie uns die sowjetische Reiseleiterin erzählte, musste man bis zu fünf

Stunden warten, bis man das Innere betreten konnte. Ausländer wurden in zwanzig Minuten durchgeschleust, um sie als Freunde der Sowjetunion zu gewinnen. Durch eine in anthrazitfarbenem Marmor gestalteten Vorhalle betritt man das „Allerheiligste". Da liegt der große Revolutionär in einem mit Gold gefassten Glassarg, von einem westdeutschen Linde-Aggregat gekühlt, in fahlrotem Licht, die eine Hand zur Faust geballt, in der anderen ein Buch haltend. Der Platz daneben ist inzwischen leer. Genosse Stalin wurde im Zuge der Entstalinisierung unter Chruschtschow gefeuert.

Trotz der jahrzehntelangen kommunistischen Umerziehung gelang es dem Regime nicht, dem russischen Volk seine tiefe Religiosität zu nehmen. Dies zeigte sich in den übervollen Kirchen an Mariä Himmelfahrt. Seit dem Zerfall des Sowjetimperiums denkt man darüber nach, auch Lenin aus dem Tempel zu entfernen. Eine Enkelin von ihm besteht darauf, dass ihrem Großvater, dem kämpferischen Atheisten, ein christliches Begräbnis zuteil werde - Ironie der Geschichte.

In den Augusttagen des Jahres 1968 lief die Hetzkampagne gegen den Westen, insbesondere gegen die Bundesrepublik Deutschland, auf Hochtouren. Auf Plakaten, in Druckerzeugnissen und in Propagandafilmen wurde den Sowjetbürgern weisgemacht, die westdeutschen Militaristen und Revanchisten planten einen Überfall auf die friedliebende Tschechoslowakische Sozialistische Republik (CSSR). Die Desinformation hatte Erfolg: Allen Ernstes erklärten uns Sowjetbürger, alle westdeutschen Männer wollten Krieg gegen die friedliebende Sowjetunion führen. In den „Versorgungsbetrieben" und in den Geschäften herrschte Eiseskälte. An jedem Zeltplatz mischten sich Spitzel unter die Reisegruppen mit dem Ziel, Spione zu enttarnen. Sie wollten wissen, in welcher Funktion wir reisten. Auf die Antwort, wir wollten Land und Leute kennen lernen, war die wiederholte Reaktion: „Jetzt habt ihr uns angelogen!"

Neben Hass und Misstrauen spürte man als aufmerksamer Beobachter Minderwertigkeitskomplexe. Ein Gemälde von einem ukrainischen Bauernhof, das ich auf Verlangen vorzeigen musste, erregte den Argwohn eines Funktionärs. Er kommentierte es missbilligend mit den Worten: „Jetzt kommen Sie nach Hause und zeigen ein so rückständiges Bild von der Sowjetunion. Sie sollten Fabriken, Hochhäuser, Baumaschinen, Mähdrescher und Ähnliches malen!"

Bei einer Fotopause an einer Tränke mit Wasserbüffeln wurden wir von der allgegenwärtigen Polizei aufgefordert, schleunigst das Feld zu räumen.

Die Stimmung änderte sich wohltuend, je weiter wir nach Süden kamen. Die Menschen grüßten uns freundlich, schenkten uns von dem Wenigen, was sie besaßen, und luden uns in ihre Häuser zum Essen ein, obwohl dies offiziell streng verboten war. Einem Mitreisenden, der innerhalb Großrusslands eine Einladung annahm, wurde von der Miliz in aller Deutlichkeit klargemacht, dass er bei Wiederholung ausgewiesen werde.

Besonders beeindruckend war eine Begegnung an einem Kriegerdenkmal am Kursker Bogen. Hier wurde im Juli und August 1943 eine Panzerschlacht geschlagen, die neben der Niederlage von Stalingrad die Kriegswende herbeiführte. Zur Erinnerung an dieses Ereignis war der erste sowjetische Panzer, der die deutschen Linien durchbrach, auf einem Postament aufgestellt. Eine Gruppe Ukrainer kam auf uns zu, begrüßte uns freundlich mit Handschlag und wünschte uns „Mir i druschba", das heißt Friede und Freundschaft. Offenbar war die Feindpropaganda bei ihnen wirkungslos.

Dass unter Breschnew Stalin zumindest teilweise rehabilitiert wurde, merkten wir besonders deutlich beim Besuch des Stalinmuseums in Gori bei Tiflis, dem Geburtsort des Diktators. Das Museum war während der Chruschtschow-Ära geschlossen worden, unter Breschnew wiedereröffnet.

Der Ungeist des Stalinismus feierte am 21. August Auferstehung: Die sowjetische Reiseleiterin, eine hundertfünfzigprozentige Kommunistin, las aus der Parteizeitung „Prawda" („Wahrheit") vor, die sowjetischen Truppen seien vom tschechoslowakischen Brudervolk eingeladen und um Hilfe gebeten worden. Die Rache für unseren lautstarken Protest blieb nicht aus: Am Zeltplatz von Kiew erklärten uns vier auffallend gut gekleidete Männer und eine Frau, sie seien vom KGB und beauftragt, drei der Spionage Verdächtige zu verhören. Die Stadtrundfahrt für die übrige Gruppe war gelaufen, der Bus wurde an die Kette gelegt. Opfer waren ein Salonkommunist, der sich zu viele kritische Äußerungen erlaubt hatte, ein Mitglied des SDS (Sozialistischer Deutscher Studentenbund), der den sowjetischen Propagandalügen widersprochen und sie ins Lächerliche gezogen hatte, und ein Mitreisender, der zu viel fotografiert hatte. In fünfstündigen pausenlosen Verhören versuchten die KGB-Funktionäre abwechselnd, die drei einzuschüchtern, in Widersprüche zu verwickeln und Geständnisse zu erpressen.

Gar nicht lustig fanden die KGB-Funktionäre ein Spottgedicht über die Zustände in der Sowjetunion, dass sie beim Durchstöbern eines Reisetagebuches entdeckten. Nach dem Lesen der zweiten Strophe, die die katastrophalen sanitären Verhältnisse im ersten sozialistischen Musterstaat auf die Schippe nahm, legten sie es beschämt weg. Hier der Wortlaut:

Toiletten sind, o Gott, ein Graus.
Wir machen uns aber gar nichts draus
wir schwitzen's durch die Rippen raus.

Als auch die Entwicklung der Farbumkehrfilme nach einem schlechten Schwarzweiß-Negativverfahren den Spionageverdacht nicht erhärten konnte, ließen die Geheimpolizisten ihre Opfer frei, sagten, sie sollten Freunde der Sowjetunion bleiben (so wurde jeder Besucher der Sowjetunion eingeordnet), und beschworen sie, niemandem etwas von dem Verhör zu erzählen. Die drei Opfer waren in Schweiß gebadet und standen noch Stunden danach unter Schock. Erst viel später berichteten sie uns von ihrem Verhör und betonten, der rote Lack sei ab.

Nicht so bei einer Reisegruppe aus der DDR, der wir in Sotschi, einem Badeort am Schwarzen Meer, begegneten. Als sie uns als Westdeutsche erkannten, machten sie in breitem Sächsisch abfällige Bemerkungen wie: „Mit den westdeutschen Kapitalisten und Revanchisten wollen wir nichts zu tun haben!"

Trotzdem ergab es sich, dass ich einen ganzen Tag mit ihnen zu tun hatte. Dies kam so: An einem freien, für Baden und Erholung vorgesehenen Tag nahm ich mir vor, einen Ausflug zum Sewan-See, einem in der Reiseliteratur als besonders sehenswert bezeichneten Ziel, zu unternehmen. Als ich die örtliche Reiseleiterin nach öffentlichen Verkehrsmitteln fragte, schlug sie mir vor, mit ihr zu fahren, sie begleite die DDR-Gruppe. „Sagen Sie einfach, Sie seien DDR-Bürger!", meinte sie. „Dann würden sie mich bestimmt der Spionage überführen!" Auf den Rat der österreichischen Reiseleiterin gab ich mich als Österreicher aus.

Die sowjetische Reiseleiterin, eine sympathische, sehr gebildete junge Frau, behandelte mich westdeutschen Kapitalisten zum Leidwesen ihrer DDR-Brüderchen bevorzugt. Trotz Protestes der DDR-Reiseleiterin, einer linientreuen Kommunistin, bot sie mir den vordersten Platz im Bus an. Die DDR-Reiseleiterin schwärmte mir von den Errungenschaften des Sozialismus vor. So etwas wie der rasche Wiederaufbau der durch ein Erdbeben zerstörten Stadt Taschkent sei nur im Sozialismus möglich. Offenbar passte der auf DDR-Städte gemünzte makabre Spruch „Ruinen schaffen ohne Waffen" nicht in ihr sozialistisches Weltbild.

In der Mittagspause zog es Tatjana, die russische Reiseleiterin, zusammen mit ihrer Freundin Ludmilla vor, mit dem westdeutschen Klassenfeind die freie Zeit zu verbringen. Genossen von der Art der DDR-Bonzen hatte sie offenbar zur Genüge genossen. Zunächst luden mich die beiden zu einer Freifahrt mit einem Schnellboot auf dem herrlichen, von hohen Gebirgsketten umrahmten See ein. Ich zeigte mich dadurch erkenntlich, dass ich mein Mittagessen mit ihnen teilte. Kleine Gastgeschenke waren weitere Zeichen gegenseitiger Sympathie.

Argwöhnisch beobachteten die sozialistischen Brüderchen das Geschehen. Auch hielten sie meine Behauptung, ich sei Österreicher, auf Grund meines badischen Dialektes und der mangelnden Ortskenntnisse von Wien für unglaubwürdig. Mit hässlichen Bemerkungen gegen alles Westliche und unkritischer Verherrlichung der Zustände im ersten sozialistischen Arbeiter- und Bauernparadies auf deutschem Boden wollten sie mir die Überlegenheit des Sozialismus weismachen. Ein ernsthaftes Gespräch war bei so viel Verbohrtheit unmöglich. Als sie bedauerten, nicht nach Österreich reisen zu können, berührte ich einen neuralgischen Punkt mit der Frage: „Warum kommen sie nicht? Wir haben doch offene Grenzen!"

Beim Abschied schenkte Tatjana mir eine Reclam-Ausgabe von Heinrich Bölls „Wo warst du, Adam?" und bat mich um Brieffreundschaft. Obwohl ich ihr sofort nach der Heimkehr schrieb, kam nie eine Antwort. Verbrüderung mit dem Klassenfeind war verboten.

Die Ausreise aus der Sowjetunion gestaltete sich schwieriger als erwartet. Wegen der Besetzung der Slowakei durch die Staaten des Warschauer Paktes und der damit von den Sowjets befürchteten Spionagegefahr war eine Transitsperre verhängt worden. Ein Riesenumweg über Ungarn oder Polen und Finnland war im Gespräch. Schließlich gaben die sowjetischen Behörden doch grünes Licht für die Durchfahrt durch die „befreite" Slowakei.

Das ganze Land glich einem riesigen Militärlager: Panzer, Lastwagen mit schwerem Geschütz, „Stalinorgeln" und unzählige Soldaten waren der Einladung der von den bösen

Kapitalsten und Revanchisten bedrohten Bevölkerung gefolgt. Die Durchfahrt erwies sich auch für unseren routinierten Busfahrer als schwierig: Trotz guter Straßenkarten waren wir auf die Hilfe der einheimischen Bevölkerung angewiesen, denn alle Straßenschilder waren abmontiert, um die Besatzungstruppen in die Irre zu leiten. So wurden sowjetische Panzer, deren Ziel Prag war, absichtlich in die Hohe Tatra geschickt. Auf den schmalen Bergstraßen hatten sie dann große Schwierigkeiten, zu wenden und den richtigen Weg zu finden. Jedes Mal, wenn wir uns nach der Strecke Bratislava-Wien erkundigten, wurde uns die stereotype Gegenfrage gestellt: „Seid ihr aus dem Okkupantendeutschland oder aus dem freien Deutschland?" Erst dann erhielten wir Auskunft.
In allen Orten, durch die wir fuhren, waren große Spruchbänder angebracht, auf denen die Wut über den Überfall zum Ausdruck gebracht wurde. Auf Russisch stand zu lesen: Aggressoren raus! — UdSSR = SS - Hakenkreuz im Sowjetstern -UdSSR, unsere Feinde! Lasst sie nach Hause gehen. Wir sind eine freie Republik. - Moskau = Krieg - Okkupanten, geht nach Hause! — Breschnew = Hitler — Dummköpfe, geht nach Hause! Auf unseren Bus wurde geschrieben: Breschnew zum Teufel.

Besonders groß waren Wut und Verzweiflung in Bratislava (Pressburg), der Hauptstadt der Slowakei. Ein Augenzeuge, noch unter dem Schock der Ereignisse, berichtete: „Die Russen haben uns überfallen. Viele Zivilpersonen leisteten mit dem Mut der Verzweiflung erbitterten Widerstand, so auch ein Familienvater mit seinen beiden Kindern. Er hatte seinen Oberkörper entblößt und wollte damit zeigen, dass er unbewaffnet war. Tollkühn stellte er sich einem heranfahrenden Panzer entgegen. Keiner hätte es für möglich gehalten, dass der Rotarmist es täte. Aber das Unfassbare geschah. In dem Augenblick, als er in höchster Lebensgefahr war, lief seine kleine Tochter auf ihn zu. Ein Aufschrei - und beide wurden von dem Ungetüm überrollt. Als der Junge dies sah, warf er in seiner Wut Steine auf die Besatzer und schrie: ‚Mörder! ‘ Ohne Vorwarnung streckten ihn sowjetische Soldaten mit einer Kalaschnikow nieder.“ Eines von unzähligen Schicksalen, die uns ins Mark trafen.

Bilanz dieser Reise: Ich kehrte als Freund des russischen Volkes und seiner Kultur, aber als entschiedener Gegner des Sowjetkommunismus zurück. Grund genug, mich im Rahmen der 1972 gegründeten Gesellschaft für Menschenrechte für politisch Verfolgte im Ostblock einzusetzen.

47

Ergebnis: eine dicke Stasi-Akte mit einem Steckbrief auf Russisch.

18. Dezember 1979
5-be-ka 2677
Sp/A/ 1012 /1979

Hauptabteilung VII
Stellvertreter des Leiters

Bezirksverwaltung
für Staatssicherheit
Abteilung III
Leiter
über Stellvertreter Operativ
Oberst Seidak
und Leiter BKG

P o t s d a m

Verteiler

1. Ex. - Abt. III/Potsd.
2. Ex. - Vz. Sp.
3. Ex. - Hauptm. Behrend

Dr. L i n k , Wolfgang, geb. 19. 7. 1942 in Freiburg,
wh. 7611 Berghaupten, Dahlienweg 3 -
Unser Schreiben vom 15. 11. 1978, Tgb.-Nr. 2005/78

Dr. Link ist in der Abteilung XII für Ihre Diensteinheit erfaßt.
Er wurde von Ihnen im November 1978 in einem Operativ-Vorgang
bearbeitet, da er Verbindungen zu 2 DDR-Bürgern unterhielt, bei
denen der Verdacht auf ungesetzliches Verlassen der DDR vorliegt.
Mit unserem Schreiben vom 15. 11. 1978, Tgb.-Nr. VII/5/2005/78
Be-pl, informierten wir Sie, daß Dr. Link Mitglied der Feindorganisation "Gesellschaft für Menschenrechte" ist und übersandten
Ihnen ein von Dr. Link entworfenes Hetzflugblatt der "GfM".
Der Bitte nach Übermittlung von operativen Hinweisen, die die
Mitgliedschaft des Dr. L. in der "GfM" sowie die Zugehörigkeit
bzw. Verbindungen zu einer kriminellen Menschenhändlerbande be-
stätigen, kamen Sie bisher nicht nach. Aus operativem Interesse
bitte ich um baldige Erledigung unseres Ersuchens.

Am 20. 4. 1979 wurden Ihnen zur Bestätigung der Mitgliedschaft
des Dr. Link 2 "GfM"-Originalunterschriftenlisten mit Unterschrif-
ten des Dr. Link übersandt. Dr. Link fungiert nach wie vor als
Kontaktanschrift Offenburg der Feindorganisation "GfM", was durch
Veröffentlichungen in den "GfM"-Zeitschriften 1/79 und 3/4/79
vom Januar/Februar bzw. Juli/September 1979 bestätigt wird.

Ich bitte um Rückinformation.

wegen menschlicher Fairness
anonymisiert Link

Oberst/

aus meiner Stasi-Akte erster Teil (72 Seiten) Der zweite Teil war
nach Angaben des BStU Berlin nicht mehr auffindbar.

3. ОТНОШЕНИЕ К СПЕЦСЛУЖБАМ И ЦЕНТРАМ ИДЕОЛОГИЧЕСКИХ ДИВЕРСИЙ

3.1 3.2	Расположение ① (страна)	Код объекта	ФРГ	Ø04
3.3	Наименование объекта			GESELLSCHAFT FUER MENSC HENRECHTE E.V.
3.4	Код типа объекта ④			
3.5	Административно-территориальная единица		BUNDESLAND	HESSEN
3.6	Населенный пункт			FRANKFURT/MAIN
3.7	Принадлежность ①		ФРГ	Ø04
3.8	Код характера отношения ⑨			
3.9	Код характера деятельности ⑩		ПОДРЫВНАЯ ИДЕОЛОГ.	16
3.10	Должность			
3.11	Служебный телефон			
3.12 3.13	Период отношения / Язык ③		-1978-1980-, НЕМЕЦКИЙ	8Ø Ø04

4. УЧАСТИЕ В ДЕЯТЕЛЬНОСТИ ТЕРРОРИСТИЧЕСКИХ И ЭКСТРЕМИСТСКИХ ОРГАНИЗАЦИЙ

4.1 4.2	Расположение ① (страна)	Код объекта		
4.3	Наименование организации			
4.4	Код типа организации ④			
4.5	Административно-территориальная единица			
4.6	Населенный пункт			
4.7	Принадлежность ①			
4.8	Код характера участия ⑪			
4.9 4.10	Период участия / Язык ③			

5. ОФИЦИАЛЬНОЕ МЕСТО РАБОТЫ (СЛУЖБЫ, УЧЕБЫ)

5.1 5.2	Расположение ① (страна)	Код объекта	ФРГ	Ø04
5.3	Место работы (службы, учебы)			
5.4	Используется как прикрытие			
5.5	Код типа объекта ④			
5.6	Административно-территориальная единица			
5.7	Населенный пункт			
5.8	Принадлежность ①		ФРГ	Ø04
5.9	Код характера отношения ⑫		ЧИНОВНИК	Ø5
5.10	Должность			LEHRER
5.11	Служебный телефон			
5.12 5.13	Период отношения / Язык ③		-1980-, НЕМЕЦКИЙ	8Ø Ø04

Steckbrief auf Russisch, womit ich als "Terrorist" international gesucht wurde.

49

6. Fahrt in die DDR nach der Wende

Als ich ein viertel Jahr nach der Wende wieder den Eisernen Vorhang durchqueren konnte, war die Atmosphäre im Interzonenzug viel entspannter als zu Zeiten der Bespitzelung durch die Stasi: Angeregt unterhielten sich die Reisenden auch mit Unbekannten zum Teil über hochpolitische Themen. So erzählte ein junger Mann aus Leipzig von den Montagsdemonstrationen. Obwohl diese als Friedensgebete in der Nicolaikirche deklariert und von den DDR-Behörden geduldet wurden, wurden diese immer mehr zum Bekenntnis für Meinungsfreiheit, Demokratie und Rechtsstaatlichkeit. Zunehmend argwöhnisch beobachteten dies die DDR-Funktionäre. Scharfschützen waren auf den Dächern postiert, Schulen und Turnhallen wurden zu Lazaretten umfunktioniert. Die Demonstranten waren aufs Äußerste gefasst. Mit ihren Rufen: "Keine Gewalt" brachten sie ihre Friedfertigkeit zum Ausdruck. Eine Familie, die ich in Westdeutschland kennerlernte, ging einzeln demonstrieren. Wenn sie als Demonstranten erschossen werden, sollen die Kinder wenigstens noch einen Elternteil haben.

Dass eine vor Waffen starrende Supermacht durch Gebete und Lichterketten besiegt wurde, ist in der Weltgeschichte einmalig und grenzt an ein Wunder. Zu verdanken ist dies dem klaren Njet des damaligen Generalsekretärs der Sowjetunion Michail Gorbatschow. Er verbot den Einsatz von Gewalt gegenüber friedlichen Bürgern. Berühmt ist der Satz Gorbatschows an die Adresse von Honecker: "Wer zu spät kommt, den bestraft das Leben." Schon 1987/88, als Scharfmacher im Ostblock Westeuropa bis zum Atlantik erobern wollten, verhinderte er durch ein Machtwort einen dritten Weltkrieg. Zu Recht sehe ich in diesem Mann einen der größten Politiker der Weltgeschichte.

Zurück zu Gesprächen im Interzonenzug: Dass kleine Freiheiten auch in einer Diktatur bei entsprechendem Bekennermut möglich sind, davon berichtete eine Mutter von mehreren Kindern. Sie hielt dem Druck stand, sie im Sinne des Marxismus-Leninismus zu erziehen und gab ihnen christliche Werte auf ihrem Lebensweg mit.

An der Zonengrenze waren noch Metallgitterzaun, Wachttürme, Brücken über den Gleisen zum Aufspüren von Republikflüchtigen, die auf Zugdächer geklettert waren, erhalten,

51

hatten aber ihren Schrecken verloren. Bei der Grenzkontrolle überkam mich ein mulmiges Gefühl, wurde ich doch wegen meines Einsatzes für politische Gefangene in einem Steckbrief auf Russisch als Terrorist gesucht. Aber nichts geschah. Nach einer Stunde Aufenthalt setzte sich der Zug wieder in Bewegung.

In Saalfeld angekommen, fiel mir zunächst auf: Alle Propagandaspruchbänder waren entfernt. Stattdessen waren vor den ersten freien Wahlen äußerst originelle Plakate aufgehängt, die sich vom farblosen Wahlkampf in Westdeutschland positiv abhoben. Unter anderem war von der Ost-CDU ein großes Portrait von Karl Marx zu sehen mit dem Satz:

Proletarier aller Länder, vergebt mir!

In Anspielung auf die Bleibe Honeckers in einem evangelischen Pfarrhaus in Ostberlin (keiner seiner Genossen wollte ihn mehr aufnehmen) wurde der ehemals mächtigste Mann als Don Camillo, dargestellt, auf anderen Plakaten in Sträflingskleidung. Eine derartige Verunglimpfung des Staatsratsvorsitzenden hätte vor dem Zusammenbruch des SED-Staates fünf Jahre Zuchthaus zur Folge gehabt. Selbst mit Unbekannten gab es in aller Öffentlichkeit anregende Gespräche über die Zukunft der DDR und über die Wiedervereinigung. Dieser Wunsch kam auch in der Aneinanderreihung von BRDDDR zum Ausdruck.

Deprimierend war der Zustand der Gebäude. Fast alles war dringend sanierungsbedürftig. Im Andreasviertel, einem Stadtteil von Erfurt, war ein ganzer Bezirk abbruchreif gemäß der in der DDR kursierenden Parole: 'Ruinen schaffen ohne Waffen'. Auch die Wirtschaft lag darnieder. Die DDR war bankrott. Symbolhaft hierfür war ein rostiges VEB-Emblem, das zum Teil aus der Verankerung gelöst war. Unsere Gastgeberin betonte immer wieder, wie die DDR am Boden zerstört und alles nicht so einfach sei.

Die mangelhafte Versorgung erlebten wir in der Messestadt Leipzig, immerhin einem Aushängeschild zu DDR-Zeiten. Da stand an vielen Gaststätten zu lesen "Dieser Versorgungsbetrieb ist geschlossen. Nächster Versorgungsbetrieb..." Auch dieser war dicht. Nach dem 20. Anlauf erhielten wir in einem Versorgungsbetrieb endlich ein "Mittagessen", bestehend aus einem Stück Sahnetorte und einem Milchmixgetränk. Auch der Versorgungsbetrieb Mitropa war bereits um 16 Uhr geschlossen. So sah das ehrgeizige Ziel der DDR-Propagandisten, die kapitalistische BRD in den achtziger Jahren zu überflügeln, in Wirklichkeit aus.

7. Rumänientranfahrt
Mit Hilfsgütern ins Armenhaus Europas

Die Geschichte handelt von Hilfsgütertransporten kurz nach dem Sturz Ceaucescus. Zwei Männer wagten die gefährliche, abenteuerliche Fahrt, um dringend benötigte Lebensmittel an die hungernde Bevölkerung zu verteilen. In Rumänien war besonders offenkundig, wie sehr 40 Jahre kommunistische Diktatur das Land ruiniert hat: Zerstörte Wirtschaft, zerstörte Umwelt, zerstörte Seelen. Kein Lächeln, als wir an Ostern Schokolade verteilten. Augenzeugen berichten von Erschießungen Unschuldiger auf der Straße bis in die Wohnungen durch die Securitate. Ein Priester wäre beinahe zweimal erschossen worden.

Nie waren die beiden vor Straßenräubern sicher. Dass es doch gut ging, verdankten sie hilfsbereiten Männern vor Ort. Der Tatsachenbericht liest sich wie ein Krimi. Er ist in 'Stille Helden', BOD, ISBN 3-8334-2296-3 enthalten.

8. Mit Hilfsgütern ins Kriegsgebiet

Hierbei handelt es sich um Fahrten in das von einem grausamen Bürgerkrieg heimgesuchte Kroatien. Das an Ostern 1992 durchgeführte Unternehmen war sehr gefährlich, wie aus den Schilderungen zu entnehmen ist. Trotz Warnungen von Fernfahrern wagten zwei Männer die Fahrt bis nahe an die Front. Was die dort erlebten, ist in 'Stille Helden' (s.o.) zu lesen.

9. Das ist nicht mehr unsere Heimat

Eindrücke von einer Fahrt nach Ostpreußen, die Baltischen Staaten und ins Sudetenland

"Das ist nicht mehr unsere Heimat." So kommentierten Vertriebene aus Ostpreußen, als sie nach Jahrzehnten in die Stätten ihrer Kindheit oder Jugend reisten. Verständlich, denn ein Großteil der Felder lag brach, Häuser und Dörfer waren verfallen. Auch das ehemalige Königsberg, nach der Eroberung durch die Rote

Armee Kaliningrad (nach einem Kampfgenossen von Stalin) benannt bot ein trostloses Bild: Einst eine der schönsten Städte Europas, wurde es durch zwei Luftangriffe der Alliierten bis zur Unkenntlichkeit zerstört. Dreimaliger Ungeist: Nationalsozialistischer Terror, Bombenterror und zweite Zerstörung durch die sowjetischen Eroberer waren zuviel. Anstelle von Kulturdenkmälern wurden in den fünfziger Jahren seelenlose Plattenbauten hochgezogen. Auf Befehl Breschnews wurde das Stadtschloss, von ihm als fauler Zahn bezeichnet, gesprengt. Einen makabren Eindruck machte die Ruine des Domes: Nur die Außenmauern waren erhalten. Im grasbewachsenen Innern weideten Ziegen. Zwar ist das Gotteshaus inzwischen wieder aufgebaut. Es wirkt jedoch wie auch ein Standbild des Philosophen Kant museal inmitten sozialistischer Bauten. Historismushäuser in unzerstörten Stadtteilen zeugten von der einstigen Pracht. Sie waren jedoch dringend sanierungsbedürftig.

Wie die Stadtführerin erzählte, waren die Einwohner schockiert über eine Ausstellung mit 6000 Ansichten des einstigen Königsbergs, einer untergegangenen Pracht. Ob wohl je einer der Mitreisenden ihre Einladung wieder zu kommen, in die Tat umsetzte?

Von den drei baltischen Staaten ging es dem an Finnland angrenzenden Estland am besten. Die Esten gehören wie die Finnen der finnisch-ugrischen Volksgruppe an. Sie wurden von ihren Verwandten beim Wiederaufbau unterstützt.

Anders in Lettland: In der Hauptstadt Riga waren häufig Bettler zu sehen. Sie verkauften ihre wenigen Habseligkeiten, um sich Essen leisten zu können. Dieser Eindruck entsprach den traurigen Erfahrungen, die der Chef der Deutschen Konservativen, Joachim Siegerst machte: Viele Arme haben in den strengen Wintern die Wahl zwischen Verhungern und Erfrieren. Beides, Nahrungsmittel und Brennmaterial können sie sich auch als EU-Bürger nicht leisten. In den Wintern mit Frösten um -25 Grad erfrieren in diesem durch die Sowjetunion ausgebeuteten Land Tausende. Wo bleibt da die Solidarität der übrigen EU-Staaten?

Noch trostloser waren die Zustände in Heiligenkreuz, einem kleinen Ort im Sudetenland nahe der bayrischen Grenze. 1945 wurden alle deutschen Bewohner auf brutale Weise vertrieben. Anders als in den inzwischen von Polen bewohnten ehemaligen deutschen Ostgebieten wurden die Häuser nicht benötigt. Sie verfielen oder wurden abgerissen. Der Hass gegen alles Deutsche manifestierte sich in Stein: In der Kirche waren alle deutschen Inschriften mit Pech überstrichen. Wie der Pfarrer erzählte, wurden Kapellen im grenznahen Bereich abgerissen, um freies Schussfeld für Flüchtende und angebliche Angriffe von westdeutschen Militaristen und Revanchisten zu haben. Sozialistische Lügen pur. Der Hass richtete sich nicht nur gegen alles Deutsche, sondern auch gegen den christlichen Glauben. Der Pfarrer erzählte, wie er schikaniert und sogar angespieen wurde. Der kommunistische Ungeist war an die Stelle der Barbarei des Nationalsozialismus getreten.

10. Weihnachtsbescherung in Westslawonien kurz nach Ende des Bürgerkrieges

Eine Weihnachtsbescherung in einem von Krieg und Vertreibung heimgesuchten Land

In schlimmster Weise vergeht man sich gegen das Recht, wenn man

Völkerschaften das Recht auf das Land, das sie bewohnen, in der Art nimmt, dass man sie zwingt, sich anderswo anzusiedeln.
Albert Schweitzer

„Wenn Sie eine Weihnachtsfeier bei uns veranstalten wollen, bringen Sie außer Kaffee und Kuchen gleich noch Trinkbecher mit!" Mit diesen Worten umriss eine Franziskanerin die Lage in Westslawonien, einem durch Bürgerkrieg und Vertreibung heimgesuchten Land.
Vorausgegangen war nach dem Zerfall Jugoslawiens ein Krieg mit unbeschreiblichen Massakern auch an der Zivilbevölkerung, sinnloser Zerstörung und anschließender Vertreibung. Zwar konnten nach der Rückeroberung durch kroatische Truppen die Flüchtlinge in ihre alte Heimat zurückkehren, aber sie standen vor dem Nichts. Soweit die Häuser nicht zerschossen oder angezündet worden waren, waren sie infolge von

Plünderungen unbewohnbar. Die wenigen stehen gebliebenen Gebäude waren überfüllt. Zur Wohnungsnot, Lebensmittel- und Brennstoffknappheit kam noch der strenge Winter hinzu. Die angelaufenen Hilfsgütertransporte konnten nur die schlimmste Not lindern.

Unsäglich groß war auch das seelische Leid, hervorgerufen durch das bestialische Morden und die Vergewaltigungen vor den Augen der nächsten Angehörigen. Mancherorts gab es kaum eine Familie, die nicht den Verlust eines Angehörigen zu beklagen hatte.

Angesichts dieser trostlosen Lage entschlossen wir uns, mit einer Weihnachtsfeier und anschließender Bescherung den verzweifelten Menschen ein Licht anzuzünden. Mit sechs großen Koffern Inhalt: Christstollen, Kaffee, Tee und hundert Weihnachtsgeschenken für Kinder reisten wir in der Weihnachtszeit zu dritt zunächst nach Zagreb und von dort mit den kroatischen Partnern ins

Kriegsgebiet.

Obwohl ganz Kroatien vom Krieg heimgesucht worden war, herrschte hier auf den ersten Blick weitgehende Normalität. Die Kriegsschäden waren notdürftig beseitigt, die Menschen brauchten sich nicht mehr vor Terrorangriffen zu fürchten. Dies änderte sich schlagartig auf der Fahrt in Richtung Südosten nach Westslawonien: gespenstische Ruinen, kaum Menschen auf der Straße, fast kein Verkehr. Auch die nicht zerstörten Orte waren Geisterstädte, ein makabrer Vorgeschmack dessen, was uns an unserem Ziel erwartete. Neben bis auf die Grundmauern zerstörten Häusern war von der dortigen Kirche nur noch der Fußboden übrig. Verbrannte Erde hatten die Truppen zurückgelassen und nicht einmal Gotteshäuser geschont.

Mit „Apokalypse" kommentierte der Pfarrer der kleinen Ortschaft Rajc diesen Wahnsinn. Er setzte sich bis zur Erschöpfung für das Wohl seiner

Gemeinde ein und hieß uns herzlich willkommen.

Wir waren erstaunt, dass bei all dem Mangel unsere Partner uns großzügig bewirteten und von dem Wenigen gaben, das ihnen zur Verfügung stand. Damit und mit der Herzlichkeit, die wir erfuhren, waren auch wir die Beschenkten.

Der Pfarrer und seine Mitarbeiter waren froh, dass wir die Mühe auf uns genommen hatten. Die Gemeindeleitung wäre nicht in der Lage gewesen, nach der kommunistischen Diktatur und den anschließenden Kriegswirren allein eine solche Feier auszurichten.

Von den öffentlichen Gebäuden war nur eine Halle der Feuerwehr stehen geblieben. Sie diente gleichzeitig als Kirche, als Versammlungsraum und als Notunterkunft für heimgekehrte Kriegsflüchtlinge, deren Häuser zerstört waren.

Unsere Partner baten uns inständig, nicht von Versöhnung zu reden. Noch waren die seelischen Wunden zu tief und der Hass zu groß. Die Betroffenen hätten solch gut gemeinten Worte als Hohn empfunden.

Es ist zu wünschen, dass ähnlich wie nach dem Zweiten Weltkrieg auch im ehemaligen Jugoslawien aus Feinden Freunde werden.

Auch in der kalten, nüchternen Feuerwehrhalle verstanden es die Organisatoren, mit einem Weihnachtsbaum, Kerzenlichtern, den richtigen Worten sowie kroatischen und einigen deutschen Weihnachtsliedern eine Atmosphäre der Wärme und Geborgenheit zu schaffen. Diese Feierstunde ließ die von Krieg und Not gezeichneten Menschen für einige Augenblicke ihr Elend vergessen. Selbst junge Männer in Kampfanzügen nahmen mit ihren Kindern an der Veranstaltung teil. Groß war die Freude der Kinder beim Auspacken der Weihnachtsgeschenke, bestehend aus Weihnachtskeksen, Malbüchlein und Buntstiften.

Beim Abschied sagten unsere Gastgeber,

wir sollten wiederkommen, denn das Schlimmste stehe noch bevor...

11 Fahrt nach Tambow,

der ehemaligen Waffenschmiede der Sowjetunion

Anders als 1968 war die Atmosphäre in Russland nach Wegfall der sowjetischen Propaganda gegen den Westen viel aufgeschlossener und freundlicher. Unser Besuch in Tambow, einer Großstadt etwa 500 Kilometer südöstlich von Moskau stieß auf großes Interesse. Bereits am Bahnhof erwartete uns ein Fernsehteam und Journalisten. Grund der Reise war der Besuch eines von der Internationalen Gesellschaft für Menschenrechte unterstützten Kinderhortes. Unterwegs fiel auf: Die ganze sowjetische Propaganda war verschwunden. Von vereinzelt stehen gebliebenen Leninstatuen abgesehen erinnerte kaum etwas an das gescheiterte Experiment des 20. Jahrhunderts. Auffallend war der marode Zustand der Straßen. und öffentlichen Gebäude. Besonders in den umliegenden Dörfern war der Straßenzustand so schlecht, dass man teilweise nur im Schritttempo fahren konnte.
Zwar war die Versorgung mit Grundnahrungsmitteln ausreichend. Das Warenangebot war sehr bescheiden und erinnerte

an Verhältnisse kurz nach der Währungsreform in Westdeutschland.

Zurück zum Besuch im Kinderheim. Das Gebäude war mit Eisenbändern ummantelt, um die Wände vor Einsturzgefahr zu schützen. Die Schicksale der Kinder gaben Zeugnis ab von den Schwierigkeiten, mit denen die Eltern zu kämpfen hatten. In Tambow, zu Sowjetzeiten Zentrum der Rüstungsindustrie, wurden die meisten Bewohner nach Ende des Kalten Krieges arbeitslos. Viele wurden zu Alkoholikern und dadurch erziehungsunfähig. Man sah den ernsten Blicken der Kinder an, dass sie aus zerrütteten Verhältnissen stammten. Zwar gab sich die Heimleiterin und ihre Mitarbeiterinnen große Mühe, ihnen Wärme und Geborgenheit zu schenken. Die Folgen von 70 Jahren Sowjetkommunismus waren offenkundig: Zerstörte Wirtschaft, zerstörte Umwelt, zerstörte Seelen. Die Erzieherinnen legten großen Wert auf religiöse Unterweisung. So wollten sie ihren Schützlingen Orientierung geben, ihr sicher nicht einfaches Leben zu meistern.

Hoffnungsvoll stimmte uns auch die lebendige Religiosität, die wir in einer gut besuchten russisch- orthodoxen Kirche erlebten. "Die russisch-orthodoxe Kirche erfährt eine Renaissance", so der Kommentar einer

Stadtführerin. 70 Prozent der russischen Bevölkerung bekennen ihren Glauben - Tendenz steigend und dies nach 70 Jahren blutiger Verfolgung. Dies manifestierte sich in der Entweihung selbst der herrlichsten Kathedralen. Soweit sie nicht der Spitzhacke zum Opfer fielen, (allein im ehemaligen Leningrad ließ Stalin 100 Kirchen abreißen) wurden sie als Fabrikhallen, Schwimmbäder, Toiletten oder Museen für Atheismus missbraucht, ein in Stein gemeißelter Ungeist des Atheismus.

12. Not und Elend im Ostblock und die große Freiheit

1   2   3

Das Orinal befindet sich im Innenministerium in Dresden

1. Nacht. Finsternis. Hoffnung von Verzweifelten, trotz Lebensgefahr den

Todesstreifen zu überwinden. Eine Vision von 17 Millionen, die in einem riesigen Gefängnis ihrer elementaren Menschenrechte beraubt sind. Freiheit für die zwei Familien, die bei der Flucht im Heißluftballon ihr Leben wagten. Mit Erfolg. Sie feierten auf ihre Weise den Jahrestag der DDR. Hoffnung für weitere Flüchtlinge. Wird ihnen die Flucht über die Mauer der Schande gelingen? Noch haben sie Zuversicht. Aber das Auge des Bösen wacht.

2. Schüsse - Schreie - Todesröcheln. Blut überströmt stürzt ein Mensch zu Boden. Jäh ist der Traum von der Freiheit zerstört. Ein junges Leben ist ausgelöscht. 'Sicherung der Friedensgrenze' heißt es zynisch im offiziellen Jargon. Befehl ist ßefehl. Die Hüter des antifaschistischen Walls lassen den mit dem Tode Ringenden verbluten. Die Macht der Finsternis hat auf grausame Weise zugeschlagen. Das Böse feiert auch nach Auschwitz wieder Triumph.

3. Wer überlebt, so heißt es im Parteijargon, soll in Besserungsanstalten umerzogen werden. Im Klartext: Körperliche und seelische Vernichtung. Der Funktionär demonstriert Macht und geht über Leichen. Ob Braun oder Rot, die Farbe spielt keine Rolle.

4/5

4. Erlöserkirche an der Berliner Mauer. Zugemauert, um alle Fluchtversuche unmöglich zu machen. Nicht einmal vor dem sakralen Raum haben die Gründer des Arbeiter- und Bauernstaates Respekt. Stacheldraht, Selbstschussanlage an Stelle überzeugender Argumente sollen den Sieg des Sozalismus erzwingen. Blut und Tränen bis unsere Tage. Christus leidet weiter. Mahnmale an der unmenschlischsten Grenzen Europas: "Wir klagen an."

5. Ohmacht un Verzweiflung der Eltern am Grab ihres Kindes, dessen Leben von Mörderhand sinnlos ausgelöscht wurdeUnfassbar, dem eigenen Kind ins Grab schauen zu müssen. Der Vater, der seiner zusammengesunkenen Frau Beistand und Trost geben will, ist bei soviel Schmerz auch nicht mehr Herr über sich selbst. Die Macht der Finsternis hat das Familienglück zerstört.

6   7   8

6. Ostberlin 1953, Ungarn 1956, CSSR 1968, Afghanistan 1979 - Brutal werden Freiheit und Menschenrecht mit Panzern niedergewalzt. Blut-Tränen - verbrannte Erde zerstörte Seelen. 100 Millionen Tote. Grausame Bilanz des real existierenden Sozialismus.

7. Brutal treten Stiefel die Würde des Menschen in den Schmutz. Die Orgie des Bösen feiert Triumphe.   Tötungsautomaten. Schnellfeuergewehre. Bankrotterklärung einer Menschen verachtenden Ideologie.

8. Wer heute Bücher verbrennt, verbrennt morgen auch Menschen." Das Tucholski-Zitat, bezogen auf das NS-Regime, lückenlos übertragbar auf die Barbarei Stalinistischer Prägung. Tiefste Ursache für diese Barbarei: "Wo immer einer nicht mehr weiß, dass er höchstens der Zweite ist, da ist bald der Teufel los." (Bischof Reinelt in einer Ansprache im Gedenkgottesdienst zum 50. Jahrestag der Zerstörung Dresdens)

12

Sei gesegnet Gefängnis,
daß du in meinem Leben
gewesen bist.

A. SOLSCHENIZIN

Und aus den Gräbern tönt mir
die Antwort: Du hast gut reden,
du bist am Leben geblieben!

10

11

9

9. Stellvertretend für die Millionen Tote:
41 sowjetische Soldaten weigerten sich 1953, in
Ostberlin auf Zivilisten zu schießen und haben ihren
Heldenmut mit dem Leben bezahlt. Der damalige

ungarische Ministerpräsident Imre Nagy setzte sich während des Ungarnaufstandes für Freiheit, Demokratie und Menschenwürde ein und wurde zwei Jahre später von den Sowjets auf hinterhältige Weise umgebracht. Peter Fechter wurde an der Berliner Mauer bei einem Fluchtversuch angeschossen und verblutete, weil ihm Erste Hilfe verweigert wurde.

10. Ein Mensch durchbricht die Mauer. Überwunden sind Kälte, Feuchtigkeit, Dunkel des Kerkers, Erniedrigung Folter. Der aus dem KZ Erlöste atmet Freiheit, erlebt Menschenwürde, sieht strahlendes Licht. Das Hammer- und Sichelemblem landet auf dem Müll der Geschichte. Ein Zitat von Friedrich Schiller: "Frei ist der Mensch, und wär' er in Ketten geboren."

11. Der Eiserne Vorhang wird zerschnitten, in Gegenwart hoher westlicher Staatsgäste erstmalig Mai 1989 auf Anordnung des damaligen ungarischen Ministerpräsidenten Memet. Die Schlagbäume öffnen sich, Züge und endlose Kolonnen von Trabis rollen der Freiheit entgegen.

12. Das Unglaubliche wird wahr: Gebete und Lichterketten erweisen sich stärker als Panzer und Maschinengewehre. Eine unblutige Revolution beseitigt Mauer und Stacheldraht. Das Licht triumphiert über die Macht der Finsternis. O namenlose Freude! Im Freudentaumel fallen sich die Menschen in die Arme und feiern ein Freudenfest.

13. Statt eines Nachwortes :

Ein Gedicht,stammend aus dem

russischen Widerstand

Wir sind sehr wenige, wir sind sehr schwach,
Ihr legt uns in Ketten aus Eisen und sagt:
"Schwört ab und glaubt unserem trefflichen
Kohl!"
Aber wir glauben nicht eurem Kohl.
Schon längst ist uns übel davon.
Wir brauchen frische Luft, freie Gedanken,
Und eure Küche voll Modergeruch.
Sie steht auf faulendem Holz.
Wir werden die Ketten zerbrechen
Wir harren. Wir warten.
Und sollten wir fallen:
Unsere Stunde kommt.

Verfasser: Unbekannt